Anja-Katharina v. der Hagen
Michael Prinz zu Salm-Salm (Hrsg.)

Schützt die Schlaglöcher

SCHÜTZT DIE SCHLAGLÖCHER

Wenn Naturschutz zum Schildbürgerstreich wird
– und wie es auch anders geht

Anja-Katharina v. der Hagen
Michael Prinz zu Salm-Salm (Hrsg.)

mit Karikaturen von Greser&Lenz

Bibliografische Information der Deutschen Nationalbibliothek

Die Deutsche Nationalbibliothek verzeichnet diese Publikation in der Deutschen Nationalbibliografie; detaillierte bibliografische Daten sind im Internet über http://dnb.d-nb.de abrufbar.

Copyright: Potsdam Press, Potsdam 2015
2. Auflage April 2015, inhaltlich erweitert

Umschlag: Romy Kraft, Halle (Saale)
Cover-Illustration: Greser&Lenz
Layout: Romy Kraft, Halle (Saale)
Texte: Margaret Heckel, Henrike Müller, Wolfgang v. Dallwitz,
    Anja-Katharina v. der Hagen
Lektorat: Bärbel Rehfeldt, Gesa Winter
Illustration: Greser&Lenz,
urspr. Quelle „Frankfurter Allgemeine Zeitung"

Druck und Bindung: westermann druck GmbH, Braunschweig

ISBN 978-3-943433-02-9

Inhaltsverzeichnis

Gute Lösungen für alle Beteiligten

Vorwort

Michael Prinz zu Salm-Salm   Anja-Katharina v. der Hagen

Ob Brücken für Fledermäuse, Freilandterrarien für giftige Schlangen oder Helikoptereinsatz für seltene Pflanzen: Naturschutz treibt manchmal erstaunliche Blüten. Naturschutz ist gut. Naturschutz ist uns teuer. Aber manch kostspieliges Naturschutzprojekt ähnelt eher einem Schildbürgerstreich.

Dass Naturschutz auch anders geht, zeigen Beispiele aus der land- und forstwirtschaftlichen Praxis. So werden beispielsweise mit Blühstreifen für Bienen und Feldlerchenfenstern neue Lebensräume geschaffen. Es macht deutlich, Naturschutz geht auch bei gleichzeitiger Nutzung der Natur.

Zur Versorgung der Bevölkerung brauchen wir eine funktionierende Land- und Forstwirtschaft. Dabei spielt Nachhaltigkeit eine große Rolle. Landwirte, Forstwirte sowie Weinbauern haben mit den Naturschutzbehörden und Naturschutzverbänden das gemeinsame Ziel, auch für die nächste Generation die biologische Artenvielfalt in der Natur zu erhalten. Damit das gelingt, wünschen wir uns mehr konstruktiven Dialog zwischen denjenigen, die im Naturschutz die Regeln setzen und denjenigen, die das Land zur Sicherstellung der Versorgung bewirtschaften, schützen und pflegen.

Bei besserem fachlichen Austausch ließen sich viele Schildbürgerstreiche im Naturschutz vermeiden. Mit diesem Buch wollen wir die Diskussion darüber beflügeln, ob es nicht besser wäre, miteinander ökologisch und ökonomisch sinnvolle Naturschutzmaßnahmen zu entwickeln. Und zwar solche, die auch in der Praxis umsetzbar sind und die die Wirtschaftskraft im ländlichen Raum stärken.

Michael Prinz zu Salm-Salm
Anja-Katharina v. der Hagen

Wenn Naturschutz zum Schildbürgerstreich wird ...

Zwei Brücken für Fledermäuse

Im baden-württembergischen Biberach sollten die Bürger vor einiger Zeit mit einer Nordwestumfahrung entlastet werden. Doch die neue Straße durchtrennte ein Waldgebiet, in dem einige hundert geschützte Fledermäuse leben. Einige der elf im Biberacher Wald ansässigen Arten jagen jedoch sehr knapp über dem Boden. Tierökologen befürchteten deshalb, dass die nachtaktiven Tiere mit Autos und Lastwagen zusammenstoßen könnten.

Die Umgehungsstraße wurde daraufhin nur genehmigt, wenn die Tiere geschützt werden. Nach vielen Diskussionen entschied sich der Landkreis deshalb dafür, den Fledermäusen zwei Brücken zu bauen. 400.000 Euro kosteten die fünf Meter breiten und 30 Meter langen Stahlkonstruktionen. Per Ultraschall sollen die Tiere nun dorthin geleitet werden – und dann sozusagen im Tiefflug über die Brücke auf die andere Seite des Waldes gelangen. Überwacht wird das Ganze mit Infrarotkameras, was weitere Kosten von 35.000 Euro verursachte. Nachdem die Tiere im Mai 2014 aus dem Winterschlaf aufgewacht waren, startete die Überwachungsaktion: Zwischen zehn und dreißig Fledermäuse nutzen tatsächlich die Brücken. Was die anderen tun, kann nur vermutet werden: Einfach fliegen vielleicht?

*D*as Kreuzotterparadies
am Nord-Ostsee-Kanal

Kreuzottern sind giftige Schlangen. Die bis zu 70 Zentimeter langen Tiere leben eigentlich im Wald, in Mooren und feuchten Gebieten. Aber auch die Böschungen des Nord-Ostsee-Kanals lieben die tagaktiven Tiere sehr. Deshalb geriet ihre kleine Welt aus den Fugen als 2009 beschlossen wurde, den Kanal auf der Höhe von Sehestedt bei Rendsburg zu erweitern. Denn das bedeutete, dass auch die Böschungskanten an einigen Stellen ins Landesinnere verschoben werden mussten.

Was aber sollte dann mit den 26 dort gezählten Kreuzottern geschehen, die mit Ziffer 2 auf der

Roten Liste der Bundesnaturschutzverordnung stehen, also stark gefährdet sind und deshalb unbedingt geschützt werden müssen? Schlaue Köpfe schlugen vor, die Schlangen in Freilandterrarien umzusiedeln, bis die Bauarbeiten beendet seien.

Gesagt, getan: Drei Terrarien mit einer Größe von 2,5 Hektar wurden westlich von Sehestedt errichtet. Die Tiere wurden eingefangen und dort hinein gesteckt. Das Futter sollte eigentlich von alleine in die Anlage gelangen. Jedoch trauen sich nicht immer genügend Frösche, Eidechsen und andere Kleinsäuger in die Falle, deshalb muss zugefüttert werden. Das alles hat bislang 180.000 Euro gekostet. Die Kreuzottern haben sich mittlerweile eingerichtet, denn an einen schnellen Auszug aus den Terrarien zurück in die Freiheit ist nicht zu denken: Sie werden nach einem neuen Gutachten rund 15 Jahre in den Terrarien bleiben, weil die Natur draußen sich erst regenerieren müsse.

Und was ist mit den Bauarbeiten? Weil sich die Planungen verzögern, hat der Ausbau des Nord-Ostsee-Kanals immer noch nicht begonnen. Und siehe da, inzwischen gibt es dort schon wieder eine größere Anzahl neu zugezogener Kreuzottern. Ob sie nun auch in die Terrarien müssen?

*W*ussten Sie, ...?

... dass im Zuge des Flughafenausbaus des Frankfurter Flughafens 11.372 Frösche und Kröten, 805 Eidechsen, 17 Ameisenvölker und 300 von Hirschkäferlarven bewohnte Eichenwurzelstöcke umgesiedelt worden sind? Auch 350 Nisthöhlen für Spechte und Fledermäuse wurden von Menschenhand in die Bäume gefräst, da dies die Tierchen anscheinend nicht mehr selber können. Ebenso wurden Maschendrahtzäune errichtet, um den Zusammenstoß von Fledermäusen mit PKWs zu verhindern – scheinbar können sich die Nachtschwärmer in absoluter Dunkelheit nicht mehr orientieren.

Wenn Wildkatzen mal über die Brücke müssen

80 Wildkatzen leben bei Waake in der Nähe von Göttingen. Damit sie ohne Probleme über die B 27 kommen, wurde extra eine Brücke für 2,6 Millionen Euro für sie gebaut. Macht also 32.500 Euro pro Tier.

50 Meter ist die Grünbrücke breit – und gesperrt für die Menschen. Um die Brücke herum wurden zwei Meter hohe so genannte „Irritationsschutz-Zäune" gebaut, damit die Tiere vor Scheinwerferlicht und Motorengeräusch geschützt werden. Damit nicht genug: Auch die Straße wur-

de eingezäunt, und zwar in einer Höhe von 1,80 Metern. So sollen die Tiere den Weg zur Brücke finden. Und gerodet werden musste auch noch. Ein drei Meter breiter baumfreier Korridor soll verhindern, dass die Wildkatzen über den Zaun zur Straße springen. Bleibt die Frage, ob die seit langem existierende Bundesstraße überhaupt so gefährlich ist für die Tiere? Der NDR hat Förster Oliver Trisl gefragt: „Da haben wir in den letzten zehn, fünfzehn Jahren vielleicht vier Todesfälle gehabt."

*K*räne für Krähen

Warum die Krähen ausgerechnet Soest lieben, ist ungewiss. Doch jedes zehnte Brutpaar, das in Nordrhein-Westfalen gesichtet wird, sucht sich die Fachwerkstadt zum Brüten aus. Das sind immerhin tausend Krähen im Jahr 2013.
Sie machen Krach. Ihr Kot stinkt. Und sie sind Nesträuber, die die Singvögel in der Stadt dezimieren. Doch es sind Saatkrähen und die stehen unter Naturschutz und dürfen im Gegensatz zu den Rabenkrähen nicht bejagt werden. Den Soestern reichte es: Sie überlegten, wie sie die Saatkrähen loswerden könnten. Die Tierschützer blockierten das Ansinnen und es entbrannten hitzige Diskussionen. Schließlich wurde ein Verhaltensbiologe engagiert und Baukräne geordert: Die Umsiedlungsaktion begann.

Rund 80 mal mussten die Kranfahrer ran: Sie fuhren zu den Bäumen, suchten die Nester, warfen die Kettensäge an. Dirigiert vom Verhaltensbiologen schnitten die Arbeiter die Nester weiträumig mitsamt Geäst aus den Bäumen. Vorsichtig wurde jedes Geäst mit dem Nest über viele Kilometer aus der Stadt transportiert und außerhalb wieder in einen Baum eingebunden. 80 Nester wurden so umgesiedelt.

Die Aktion kostete mehrere tausend Euro. Doch die Saatkrähen lassen sich davon kaum beeindrucken: Auch im folgenden Jahr kamen sie zum Brüten nach Soest. 2014 wurden rund 15 Nester umgesiedelt. Ob die Krähen Spaß am Umziehen gefunden haben?

*B*aggern für den Umweltschutz

Idyllisch ist es auf der Halbinsel Butjadingen zwischen Weser und Jade. Krabbenkutter legen im kleinen Hafen von Fedderwardersiel an, Touristen spazieren den Deich entlang, die See glitzert in der Sonne. Doch mit der Idylle ist es vorbei, seit auf der anderen Seite der Jade der JadeWeserPort gebaut wurde. Für das Prestigeprojekt mussten Ausgleichsflächen geschaffen werden, und zwar ausgerechnet in Butjadingen. Dort sollten Salzwiesen als Ausgleichsfläche für den neu gebauten Hafen angelegt werden.

Butjadingen rühmt sich seit vielen Jahren seines 140 Hektar großen Langwarder Groden. Das dem

Meer durch Deichbau und Entwässerung abgerungene Marschland ist bei Spaziergängern und Touristen sehr beliebt. Ein rund 3,5 Meter hoher Vordeich schützt den Groden, der oft auch Polder oder Koog genannt wird, gegen das Meer. Landeinwärts kommt nach dem Groden noch der Hauptdeich, der Butjadingen und Umgebung vor Sturmfluten schützt.

Nun wäre es durchaus möglich gewesen, einfach immer mal wieder das Entwässerungssiel des Groden zu öffnen und salziges Meereswasser einströmen zu lassen, um Salzwiesen zu schaffen.

Doch das war den Behörden wohl zu einfach: Sie haben entschieden, den Vordeich rings um den Groden abzubaggern, damit das Meerwasser direkt in den Groden strömen kann. Als Folge musste der Hauptdeich erhöht und verstärkt werden, um die Gegend vor Hochwasser zu schützen. Dafür wurde extra ein Betonwerk errichtet. Die Bagger sind seitdem unablässig im Einsatz. Noch sind die Arbeiten nicht abgeschlossen, die mindestens 5,7 Millionen Euro kosten werden. Selbst die Naturschutzorganisation BUND ist entsetzt. Und der Groden ist wohl auf ewige Zeiten zerstört.

Der „vergesellschaftete" Esel

Es war einmal ein Eselhengst, der lebte allein. In regelmäßigen Abständen wurde er vom Veterinär des Landkreises besucht. Als das wieder einmal anstand, war der Esel traurig. Das fiel auch dem Veterinär auf und er notierte, der Esel sei „verängstigt und übermäßig scheu". Also sann der gute Doktor auf Abhilfe. Keinesfalls mehr solle der Esel alleine bleiben, schrieb er dem Eselhalter vor.

Der Besitzer des Esels war verblüfft. Mit wem sollte der Esel in den vom Veterinär gewünschten „sozialen Kontakt" treten? Eselhengste sind sehr wehrhaft und dulden keine Rivalen im Revier. Der Tierarzt dachte wieder nach und befand, dass eine Kastration die Lösung sei: Dieser medizinische Eingriff würde das natürliche Aggressionspotential des Esels zähmen und seine „Sozialverträglichkeit" steigern.

Das aber kam dem Eselhalter seltsam vor. Er zog vor Gericht. Und siehe da: Der Richter urteilte, dass zwar eine Kastration nicht angeordnet werden könne, eine völlige Einzelhaltung aber tierschutzwidrig sei. Somit bleibt der Esel zu „vergesellschaften" – mit wem auch immer er künftig soziale Kontakte pflegen soll. Und das ist leider kein Märchen, sondern basiert auf dem am 16. Juni 2014 ergangenen Urteil des Verwaltungsgerichtes Trier mit dem Aktenzeichen 6K 1531/13.TR.

*B*iberalarm am Branntweinbach

Alles war aufs Beste geplant und pünktlich fertig: Als ökologische Ausgleichsmaßnahme renaturierte ein bayerisches Energieversorgungsunternehmen nördlich von Augsburg den so genannten Branntweinbach. Auf mehr als zwei Kilometern sollte der trockene, ehemalige Auenbach größtenteils neu hergestellt und geflutet werden. Diese Maßnahme gefiel nicht nur Naturfreunden, sondern auch dem Biber. Denn kaum floss das Wasser wieder durch den Branntweinbach, kam er und errichtete am Beginn des Bachlaufes einen großen Damm. Nun staut sich das Wasser vor dem Bach, während der Bachlauf wieder ganz trocken ist. Alles vergebens also?

Verjagt werden kann der Biber nicht, er ist streng geschützt und von selbst wird er nicht weichen, denn er ist standorttreu. Biber beanspruchen zwischen einem und drei Kilometern eines Wasserlaufes für sich und ihre Biberfamilie. Dort lebt der größte einheimische Nager monogam mit Partner. Nun wird überlegt, eine Umgehungsrinne um den Damm des Bibers zu bauen. Denn das Energieversorgungsunternehmen ist immer noch in der Pflicht: Der Bach muss Wasser führen.

Auch wenn der Biber die ökologischen Ausgleichsmaßnahmen blockiert.

Die Fledermaus und das Gotteshaus

Der Dachstuhl des Pastorates im schleswig-holsteinischen Flemhude hatte es den Fledermäusen angetan. Ob sie nun Gott suchten oder auf dem Dachstuhl nach den von ihnen als Futter bevorzugten Mücken fahndeten, wer weiß es: Auf jeden Fall waren es hunderte von Mückenfledermäusen, die dem Pastor und seiner Gemeinde schnell das Leben schwer machten.

Denn auch wenn die Mückenfledermaus die kleinste der Fledermausarten in Schleswig-Holstein ist, hinterlässt sie in Hundertschaften doch gewaltige Mengen an Kot. So viel, dass sich eine dicke Kotschicht auf den Sparren und der Folie des

Dachstuhls ansammelte und Teile des Raumes dadurch nicht mehr belüftet wurden. Bald schon lief der durch die Schwitzwasserbildung gelöste Kot in das Dachgeschoss des Pastorats. Dort lagerten die Jugendlichen ihr Material für die Gemeindearbeit, was aufgrund des Schmutzes und der Geruchsbelästigung bald nicht mehr möglich war.

Was tun? Die Fledermaus ist geschützt und durfte nicht vertrieben werden. So musste die Brut- und Aufzuchtphase 2011 abgewartet werden, bevor die Tiere umgesiedelt wurden. Die Sanierungsarbeiten im Pastorat kosteten 38.000 Euro. Immerhin wurden sie vom Land übernommen.

*F*lieg, Gans, flieg!

Am Niederrhein wurden in den 70er Jahren Graugänse im Zuge eines Forschungsprojektes ausgesetzt. Zusammen mit Kanada- und Nilgänsen bilden sie eine Population der Sommergänse. Sie bleiben rund ums Jahr am Ort – anders als die Wintergänse, die im Winter in wärmere Gefilde weiterziehen.

Das aber ist zunehmend problematisch, weil sie sich in immer mehr Regionen von den Getreidefeldern der Bauern bedienen. Vor allem Weizen lieben sie. Zwar werden die Landwirte vom Staat vollständig für alles entschädigt, was die gierigen Gänse bis zum 15. März eines Jahres abfressen. Doch die Tiere fressen das Getreide so kurz, dass die Pflanzen keine Ähren mehr schieben können. Bleibt die Jagd auf die Gänse, die jedoch nur in engen zeitlichen Grenzen erlaubt ist. Die Landwirte am Niederrhein würden nun gern Gänse, die nicht brüten, frühzeitig während der Hauptvegetationszeit jagen. Das lehnt die Obere Jagdbehörde ab: Stattdessen rät sie den Bauern zu Zäunen. Doch die Flächen sind so groß, dass die Landwirte das als untauglich ansehen. Und es trifft auch nicht den Kern des Problems: Denn es sind die nichtbrütenden Junggänse, die den großen Schaden anrichten und nicht die Gänsefamilien mit ihren Jungen, die noch nicht fliegen können.

*L*uxustunnel für Lurche

Lurche müssen geschützt werden, keine Frage. So wurden im Rems-Murr-Kreis in Baden-Württemberg an der Landesstraße L1147 Tunnel gebaut, damit die Tiere sicher unter der Straße durchkriechen können. Obwohl, in diesem Fall können sie wohl eher spazieren denn kriechen: einen Meter breit und 80 Zentimeter hoch sind die insgesamt zehn Meter langen Tunnel. Und es gibt gleich sechs Stück davon. Das kostet natürlich, in diesem Fall beachtliche 650.000 Euro. So hat es dieser Fall auch ins Schwarzbuch 2014 des Steuerzahlerbundes geschafft: „Ganz schön viele Kröten für die Kröten", kommentierten die Steuerwächter.

*B*iber fluten Eichen in Brandenburg

Im 19. Jahrhundert war er noch fast ausgestorben, nun ist er wieder da. Zwischen 2.500 und 2.700 Biber leben heute wieder in Brandenburg. Ein paar davon sollten auch in einem gut 50 Hektar großen Waldstück in der Nähe der Stadt Brandenburg angesiedelt werden. Das Gelände steht unter Naturschutz, allerdings nicht explizit für den Biber, sondern für andere seltene Arten.

Ob sich die Naturschützer über die Bauwut der Biber und deren Folgen im Klaren waren? Die Ansiedelung gelang und nach kurzer Zeit war eine imposante Biberburg zu sehen. Auch einen Damm hatte der Biber mit seiner Familie gebaut – und setzte damit das früher trockene Waldstück komplett unter Wasser. Das aber gefährdete nicht nur das Naturschutzgebiet, sondern aufgrund der Flutung auch eine gut hundert Jahre alte Eichenallee. Sie steht ebenfalls unter Schutz und war weit früher da als der Biber, hatte aber nun keine Chance mehr: Weder der Damm noch die Biberburg dürfen entfernt werden.

Auch dass dadurch eine Bahnstrecke unter Wasser gesetzt wurde und die Bahn für hohe Summen Schutzmaßnahmen vornehmen musste, stimmte die Landesregierung nicht um: Der Biber soll dort wohnen bleiben.

Bislang wurden weder die Bahn noch der Eigentümer des überfluteten Naturschutzgebietes entschädigt. Die hundert Jahre alte Eichenallee ist dahin, alle Bäume sind gestorben.

Giftige Haare, gequälte Menschen, tote Eichen

300 Jahre alt sind die Eichen in den Auenwäldern im niedersächsischen Wendland. 2011 hat das Land Niedersachsen dort 28 Hektar Auenwald erworben, um ein Biosphärenreservat einzurichten. Nun, knapp drei Jahre später, sind fast alle Eichen tot. Kahl und düster ragen sie aus den Uferwiesen der Elbe. Die einst mächtigen Eichen sind vom Eichenprozessionsspinner befallen worden. Die nimmersatten Raupen haben alles kahl gefressen.

Wald bedeckt ein Drittel der Fläche in Deutschland. Doch überall da, wo viele Eichen stehen, ist er in Gefahr: Denn die gefräßige Raupe breitet sich ungeheuer schnell aus. Das bedroht viele Waldbauern in ihrer Existenz – und es schadet auch den Waldbesuchern. Denn der Eichenprozessionsspinner hat außerordentlich gefährliche Härchen, die jahrelang toxisch bleiben. Wer unter befallenen Bäumen durchspaziert, riskiert Bindehautentzündungen, asthmatische Beschwerden, Juckreiz und Fieber.

Nun darf der Schädling ab 2015 auch nicht mehr aus der Luft bekämpft werden, weil dann die Zulassung von wirksamen Pflanzenschutzmitteln ausläuft.

Kein Schaden, meinen viele Naturschutzverbände. Totholz sei notwendig im Wald, Fledermäuse, Spechte und Käfer seien darauf angewiesen. Und es gebe im Schnitt nur 24 Kubikmeter Totholz pro Hektar Wald derzeit, wünschenswert seien aber 150 oder gar 300 Kubikmeter. Irgendwann würde der Wald dann auch im Totholz-Gebiet wiederkommen, so nach 200 oder 300 Jahren.

Die Kastanie und das Bußgeldschreiben

Als ein Landwirt aus dem Kreis Unna den Frontlader seines Traktors einmal zu hoch einstellte, fuhr er aus Versehen gegen den Ast einer Kastanie. Mit dem Besitzer des Baumes hat er sich über den entstandenen Schaden geeinigt, für beide war der Vorfall damit erledigt.

Nicht jedoch für den Kreis Unna, der von der Sache Wind bekam. Die Behörde wandte sich an den Baumbesitzer, der sie an den Traktorfahrer verwies. Kurze Zeit später wurde ihm ein Bußgeldschreiben zugestellt: Mit dem Anfahren des Baumes sei ein naturschutzrechtlicher Schaden entstanden, den er zu begleichen habe.

Wald abholzen, Schmetterling ansiedeln

Die Stiftung Naturschutz wollte den seltenen Goldenen Scheckenfalter in Schleswig-Holstein neu ansiedeln. Das sollte 3,3 Millionen Euro kosten, die Hälfte des Geldes stellte die Europäische Union zur Verfügung.

Um dem Goldenen Scheckenfalter nun aber die von ihm präferierte Dünensandlandschaft zur Verfügung zu stellen, wurden im Kreis Nordfriesland 18 Hektar gesunder Nadelwald abgeholzt. Dann wurde die Fläche gerodet und schließlich etwa zehn Zentimeter Mutterboden abgetragen. So kam man zu dem darunterliegenden Dünensand, den der Falter mag. Auch andere Tiere und Pflanzen sollen sich im so geschaffenen Lebensraum Binnendüne ansiedeln.

Allerdings stellt sich die Frage, warum dafür 18 Hektar gesunder Wald sterben mussten: Zwar wurde an anderer Stelle zum Ausgleich die gleiche Fläche Laubwald neu gepflanzt. Doch es hätte auch ein Truppenübungsplatz als Ausweichfläche zur Verfügung gestanden: Darauf hätte zwar keine Binnendüne, aber doch eine Trockenrasenfläche angelegt werden können. Und die liebt der Schmetterling ganz genauso wie den Sand.

Der Tunnel für die Bechsteinfledermäuse

Für den Ausbau der A 20 in Schleswig-Holstein muss der Forst bei Bad Segeberg durchschnitten werden. Weil dort die streng geschützte Bechsteinfledermaus lebt, soll in Wittenborn ein Tunnel unter der Autobahn gebaut werden. Er soll 4,22 Meter hoch und 4,80 Meter breit werden. Im Grunde also groß genug, dass auch die Wittenborner Feuerwehr durchfahren könnte. Die muss durch die neue Autobahn künftig einen vier Kilometer langen Umweg fahren, um Feuer auf der anderen Seite des Forstes zu löschen. Als die Feuerwehr-Männer beim Landesamt für Verkehr anfragten, ob sie den Tunnel nutzen könnten, erhielten sie eine herbe Abfuhr. „Die Unterführung dient als Hilfe zur Querung der A 20 für die im Segeberger Wald lebenden streng geschützten Fledermausarten. Die Feuerwehr darf den Tunnel nicht benutzen, um die Fledermausquerung nicht zu gefährden." Wildtiere dürfen übrigens auch nicht durch, deshalb wird es Zäune an beiden Eingängen geben.

Das aber finden selbst Naturschützer zu viel des Guten. „Wenn ein Feuerwehrauto aus gutem Grund den Tunnel ein paar Mal im Jahr quert, stört das die Fledermaus nicht", sagte Stefan Lüders vom Naturschutzverband NABU dem NDR. Schließlich nutze es der Fledermaus auch nichts, wenn der Wald abbrenne, weil die Feuerwehr einen zehnminütigen Umweg pro Querung fahren müsse.

Inzwischen geht es aber nicht mehr nur um den Tunnel, sondern um die ganze Autobahn. Ende November 2013 hat das Bundesverwaltungsgericht den Weiterbau komplett gestoppt. Das Planfeststellungsverfahren für den Abschnitt von Weede bis Wittenborn sei rechtswidrig: In den Segeberger Kalkhöhlen leben im Winter bis zu 20.000 Fledermäuse. Und es sei nicht gründlich genug geprüft worden, welche Auswirkungen der Autobahnbau auf die Tiere habe – Tunnel hin oder her.

Bäume fällen für den Nachtkerzenschwärmer

In Hamburg sind Wohnungen knapp und so soll im Stadtteil Othmarschen gebaut werden. Dort aber lebt die seltene Schmetterlingsart der Nachtkerzenschwärmer (Proserpinus Proserpina). Also wurde beschlossen, die Tiere in eine Waldoase im Westen Hamburgs umzusiedeln.

In einem Landschaftsschutzgebiet in Sülldorf wurden drei je ein Hektar große Waldflächen ausgesucht. Weil der Nachtkerzenschwärmer sich aber nur auf Trockenrasen wohlfühlt, wurden mindestens 200 gesunde Bäume und Sträucher gerodet. Dennoch ist unklar, ob Proserpinus Proserpina dort jemals heimisch werden wird. Experten fürchten, dass es weit mehr als die geplanten fünf bis zehn Jahre dauern wird, bis aus dem Waldboden Trockenrasen wird. Und auch die Anwohner können sich am Nachtkerzenschwärmer kaum erfreuen: Sie sind sauer, dass durch das Abholzen der Bäume der Geräusch- und Windschutz verloren gegangen ist.

Wenn die Zierliche Tellerschnecke umziehen muss ...

Ganz winzig ist die Schnecke und gar zu putzig ist der Name, auf den sie hört: Zierliche Tellerschnecke oder Anisus Vorticulus für alle des Lateins Mächtigen. Weil das nur Millimeter große Mollusk Wassergräben liebt, ist Bergedorf sein bevorzugter Aufenthaltsort: Kilometerlange Wassergräben durchziehen das Städtchen, das auch ein eigenes Schloss aufweist.

Bergedorf gehört zu Hamburg. Im dortigen Rathaus entstand 2009 der Plan, einen neuen Logistikpark zu bauen. Möglichst ökologisch sollte er sein, denn die Grünen regierten damals in der Hansestadt mit. Das bedeutete natürlich auch, dass die Zierlichen Tellerschnecken umziehen mussten, denn etliche von ihnen lebten auf dem Areal für den Logistikpark. Weil die Stadt im gleichen Jahr einen „Atlas der Süßwassermollusken Hamburgs" erarbeiten ließ, war das kein Problem: 24 Wohnorte für die Zierliche Tellerschnecke wurden dort in Bergedorf verzeichnet.

Biologen rückten an, um die Zierlichen Tellerschnecken auf dem Logistik-Areal zu zählen und einen neuen Ort für sie zu suchen. Bis zu 40.000 Schnecken wurden entdeckt. Nun hätten sie ja einfach zu ihren Cousins und Cousinen in die anderen Wassergräben ziehen können, doch das geht nicht: Die Schnecke darf nur in Gräben umgesiedelt werden, in denen sie noch nicht vorkommt. In jedem zweiten der untersuchten Gräben aber lebten schon Schnecken. Und das stellte die Umsiedlungsplaner nun vor eine unlösbare Aufgabe: Um den Logistikpark bauen zu dürfen, mussten sie nämlich nachweisen, dass sie exakt die gleiche Menge an Schnecken, also 40.000, umgesiedelt haben. Überall in den Bergedorfer Wassergräben waren aber bereits Zierliche Tellerschnecken. Sollte man sie verkleiden? 370.000 Euro später wurde die ganze Aktion gestoppt. Und es sollen dazu zwei Wörter gefallen sein, die von Verantwortlichen unter solchen Umständen äußerst selten zu hören sind: „Unverantwortliche Geldverschwendung."

Arme Grenzeiche

Schon 1964 wurde im Landkreis Leipzig eine rund 25 Meter hohe und damals etwa 120 Jahre alte Grenzeiche an einer Gemarkungsgrenze vom Rat des Kreises unter Schutz gestellt und zum Naturdenkmal erklärt. Ehrenhalber wurde ein Schild in die Rinde genagelt, das sie als solches kennzeichnen sollte. Naturdenkmale sind natürlich entstandene Elemente in der Landschaft. Sie stehen aufgrund ihrer Schönheit oder Besonderheit unter Naturschutz.

Das allerdings bekam der Eiche nicht gut: Wer

immer sie pflegte, schnitt die Äste so unfachmän-
nisch von unten ab, dass sie faul wurde und sich
ihr Schwerpunkt nach oben verlagerte. Damit
wurde die Eiche zu einer Gefahr für alle, die den
Weg nutzten. Was also tun? Den Weg verlegen?
Die prächtige Eiche fällen? Ersteres war natur-
schutzpolitisch unkorrekt und so traf es die Eiche.
2005 musste der damals gut 170 Jahre alte Baum
weichen. Zwar hat der Förster eine neue gepflanzt.
Doch für die Stileiche war der Ehrentitel „Naturdenkmal" im wahrsten Sinne des Wortes fatal.

Leckere Äpfel: Doch wer erntet sie?

Seit einigen Jahren fördert Hessen die Neuanlage von Streuobstwiesen. Sie sind typisch für den Süden Deutschlands, aber schwer zu bearbeiten. Denn die meist hochstämmigen Obstbäume stehen weit verstreut und dürfen weder gedüngt noch mit Pflanzenschutzmitteln bearbeitet werden. Die Wiesen können zwar als Weideland genutzt werden, aber nur extensiv. Spaziergänger allerdings lieben die romantischen Streuobstwiesen – und die Äpfel, Birnen und anderen Früchte schmecken meist auch sehr gut, weil es sich oft um alte und teilweise auch vergessene Sorten handelt.

Nun aber hat Hessen 2012 diese Streuobstwiesen auch noch unter Naturschutz gestellt. Etwas überspitzt gesagt bedeutet das, dass kein Ast ohne Sondergenehmigung abgesägt werden kann. Das erschwert die gewerbliche Arbeit auf den Streuobstwiesen ungemein. So stellt sich nun die Frage: Die Äpfel, Pflaumen und Birnen sind lecker. Aber wer erntet sie?

*K*iefernpflücken *per Helikopter*

Sie ist so selten, dass sie Reliktpflanze genannt wird. Die Pfingstnelke gab es schon in vergangenen Klimaperioden, vor allem in Mitteldeutschland. Dort ist sie auch heute noch manchmal zu finden, beispielsweise am Bloßenberg im Nationalpark Kellerwald-Edersee. Wo sie gedeiht, wachsen allerdings auch seit 120 Jahren prächtige Kiefern.

Das ging jahrzehntelang gut, doch heute nicht mehr. Parkschützer fürchteten, dass die Nadelstreu in den Nelken stecken bleibt und sich verhakt. Dann bilden sich dichte Polster, die weder vom Regen herausgespült noch von den Nelken durchwachsen werden können. Im schlimmsten

Fall bekommen die Nelken kein Licht mehr und gehen ein.

So wurde entschieden, dass rund 350 Kiefern weichen mussten. Aber einfach so fällen, das geht im Nationalpark natürlich nicht. Also wurden professionelle Baumkletterer engagiert und Helikopter gechartert. Sie haben die Kiefern im wahrsten Sinne des Wortes „gepflückt". Der Helikopter schwebte über dem zu fällenden Baum, ein Seil wurde herabgelassen. Die Baumkletterer legten es an den Stamm und sägten die Bäume so ab, dass der Hubschrauber den Stamm in der Luft abtransportieren konnte.

Das kostete allein im Jahr 2014 rund 70.000 Euro. Und es hat der Republik eine neue Jobbeschreibung beschert: „Kiefernpflücken" per Helikopter.

Borstgrasrasen auf dem Flughafen

Das Areal ist beeindruckend groß: 340 Hektar, rund 476 Fußballfelder. Bis Oktober 2013 starteten und landeten dort die Militärmaschinen der britischen Armee. Wenige nur, denn die Bedeutung des Militärflugplatzes in Gütersloh ist seit Jahren zurückgegangen. Ende 2016 werden die Briten das attraktiv gelegene Gelände komplett räumen.

Seit Langem diskutieren die Gütersloher deshalb, wie der frühere Flughafen umgenutzt werden kann. Ein Windpark? Ein Sportareal? Ein Gewerbegebiet? Immerhin gibt es genügend schon betonierte und versiegelte Flächen, die sofort genutzt werden könnten.

Allerdings starteten in Gütersloh zuletzt so wenige Maschinen, dass inzwischen Vögel wie das Rebhuhn, der große Brachvogel, der Wiesenpieper und die Feldlerche zurückgekehrt sind. Neben den Asphaltbahnen haben sich Pflanzen wie die Heidenelke, der Borstgrasrasen und der Silbergrasrasen angesiedelt. So hat sich auf den nicht versiegelten Flächen in den vergangenen Jahren ein Biotop entwickelt. Das aber behindert nun eine weitere Nutzung des Flughafens: Die Naturschutzbehörde hat den Flugplatz als Flora-Fauna-Habitat unter Schutz gestellt. Nur die Gebäude und die Landebahn dürfen neu genutzt werden.

*D*oppelte Hecke, halbe Arbeit

Ein Landwirt im Landkreis Stormarn bewirtschaftet etliche Felder, die durch Hecken getrennt sind. An einer Stelle der Hecke befindet sich eine Durchfahrt, die allerdings so schmal ist, dass der Bauer jedes Mal sein landwirtschaftliches Gerät ein- und ausklappen muss. Das kostet viel Zeit und behindert den Arbeitsablauf. Für den Landwirt lag es also nahe, die Durchfahrt zu verbreitern und 20 Meter Hecke zu entnehmen. Damit die Behörde dieses Ansinnen genehmigen würde, bot er an, an anderer Stelle doppelt so viel Hecken neu anzupflanzen, also auf einer Länge von 40 Metern.

Doch sein Gesuch war vergebens: Die Behörde lehnte mit der Begründung ab, dass die neue Hecke nicht von Beginn an den gleichen ökologischen Wert hätte wie die alte etablierte Hecke.

*W*ie fremd ist ein 190 Jahre alter Baum?

Sie ist nach dem britischen Botaniker David Douglas benannt, der sie 1824 von Amerika nach Europa brachte: Die Douglasie - ein Nadelbaum, der Trockenheit gut ertragen kann und dessen Holz sehr gefragt ist. In der Forstwirtschaft ist die Douglasie deshalb beliebt, auch weil ihr der Klimawandel nichts ausmacht.

Viele Naturschützer aber lehnen die Douglasie ab. Sie sei ein „Neophyt", eine Art Immigrant im heimischen Wald. Fremd und nicht von hier, ein Eindringling gewissermaßen.

Insbesondere Greenpeace ist die Douglasie ein Dorn im Auge: Immer wieder protestiert die Organisation gegen Douglasien-Anpflanzungen. Im Frühjahr 2012 hat sie im Spessart rund 2.000 frisch gepflanzte Douglasien-Setzlinge ausgegraben und vor dem Forstministerium in München als „stumme Anklage" aufgestellt. Ihrer Ansicht nach gehörten die Douglasien nicht in den von Laubbäumen dominierten Spessart.

Wann also ist ein Neophyt – griechisch für „Neu" und „Pflanze" – ein Eindringling? Vor über Hundertzwanzig Jahren wurden die ersten Douglasien im Spessart gepflanzt. Ihr Anteil am Staatswald dort beträgt rund ein Prozent der Waldfläche. In den nächsten 50 Jahren soll er auf drei Prozent erhöht werden. Drei von hundert Bäumen!

Die Douglasie, ein Ausländer? Ein Immigrant im heimischen Wald? Ein Eindringling, fremd und nicht von hier? Was für eine seltsame Auffassung von einem Baum, der seit 190 Jahren in Mitteleuropa wächst. Und der, wenn man überhaupt so argumentieren will, ein echtes Comeback-Kid ist: Denn wo lebte die Douglasie bis zur letzten Eiszeit? Bei uns, in Mitteleuropa.

*M*olch im Schwarzbuch

Besonderer Ruhm kommt dem Kammmolch (Triturus cristatus) in Hessen zu. Er ist unsere größte heimische Molch-Art und wird bis zu 18 Zentimeter lang. Die Oberseite ist dunkelbraun-schwarz, die Unterseite gelb-orange mit schwarzen Flecken. Er kommt flächendeckend in Deutschland vor. Jedoch siedelt er auch gerne dort, wo wichtige Verkehrsadern geplant sind. So stieß man in Nordhessen bei einem Bauabschnitt der Autobahn A44 auf eine Kolonie Molche.

Das stellte die Bauplaner des sechs Kilometer langen Teilstücks zwischen Helsa und Hessisch Lichtenau vor eine große Herausforderung. Denn der Molch steht unter Artenschutz und die Auflagen des Artenschutzes und der EU-Naturschutzricht-linie sind sehr streng. Hatten die Planer dort ur-sprünglich nur zwei kurze Tunnel vorgesehen, wurde nun vorgeschrieben, dass sie zu einem Vier-Kilometer-Tunnel verbunden werden müs-sen, um den Lebensraum des Kammmolchs zu schützen.

Die extra Röhre kostete rund 50 Millionen Euro – 5.000 Molche leben in der Region. Das macht 10.000 Euro pro Tier – damit sicherte sich der Molch nicht nur einen Platz im Schwarzbuch des Bundes der Steuerzahler – sondern macht die be-troffenen sechs Kilometer A44 zu einem der teu-ersten Autobahnabschnitte Deutschlands.

*W*o der Wendehals brütet

Die Halle steht im Industriegebiet, die Geschäfte laufen gut. Also beschloss der Winzer in Süddeutschland mit einem Neubau neben der existierenden Halle zu expandieren. Doch im Genehmigungsprozess stellte sich heraus, dass Fledermäuse von den umliegenden Berghängen direkt an der Halle vorbeifliegen, um zu ihrem angeblich bevorzugten Jagdgebiet unten am Fluss zu gelangen. Der Neubau würde nun ihren Flugweg blockieren, hieß es, und es bestünde die große Gefahr, dass die Fledermäuse dagegen fliegen könnten.

So wurde dem Unternehmer empfohlen, die neue Halle in etlichem Abstand zu bauen und eine breite Flugschneise für die Fledermäuse zu lassen. Um von der einen in die andere Halle zu kommen, könne für die Beschäftigten eine Brücke gebaut werden. Die könnten die Tiere dann ja umfliegen.

Notgedrungen ging der Unternehmer auf diesen Vorschlag ein – nur um dann festzustellen, dass die so verschobene Halle nun auch Flächen in dem an das Industriegebiet angrenzenden Naturschutzgebiet benötigen würde. Zwar signalisierten die betroffenen Behörden, dass mit Hilfe von Ausgleichsflächen hier ein Bau eventuell möglich wäre. Doch natürlich waren neue Gutachten nötig.

Der geplante Bau verzögerte sich weiter, denn es wurde tatsächlich ein hübscher Vogel namens „Wendehals" aus der Gattung Jynx auf dem zu bebauenden Gelände gesichtet. Ob die streng geschützte Spezies wohl dort brütete? Ein Jahr lang wurde nun das Gelände durch die gesamte Vegetationsperiode auf den Wendehals beobachtet. Doch der Vogel ließ sich nicht mehr blicken. Er ist wohl doch nur durchgeflogen, statt zu brüten. Nun kann der Winzer - einige Jahre und teure Gutachten später - eventuell doch bauen: Wenn es ihm gelingt, die entsprechenden Ausgleichsflächen zu beschaffen.

*D*ie Gummi-Ente in der Fischtreppe

Ach, eine Forelle in Hamburg müsste man sein! Oder ein Karpfen, ein Barsch, ein Rotauge oder ein Zander: Frei und unbeschwert ließe sich der gesamte Hamburger Wasserraum erkunden, immerhin gut 400 Quadratkilometer von der Elbe über die Dove-Elbe bis hin zur Oberen Bille nach Schleswig-Holstein.

Denn die Hamburger sind vorbildlich in der Umsetzung einer EU-Wasserrahmenrichtlinie, die allen Fischen freie Bahn schafft: Mit so genannten Fischtreppen muss die „Durchgängigkeit" der Gewässer gesichert werden.

83

Eine der Fischtreppen wurde am Serrahn-Wehr in Hamburg-Bergedorf gebaut und verbindet den alten Hafen von Bergedorf und die Bille.

1,65 Millionen Euro hat die 95 Meter lange Stahlkonstruktion gekostet. Schon bei der Einweihung im Juni 2013 ging der Ärger los: Der Denkmalschutz monierte das Aussehen der Stahltreppe, so dass nachgebessert werden musste.

Leider können auch die Fische mit der Fischtreppe nicht viel anfangen. Gerade mal drei Tiere nutzen die Konstruktion pro Tag im Schnitt. Das wurde amtlich überprüft und sorgt seitdem deutschlandweit für viel Spott. So schickte der Comedien Mario Barth extra zwei Starköche vor Ort. Die fanden an dem Tag gar keinen Fisch in der Fischtreppe. Aber immerhin eine gelbe Gummi-Ente.

*W*ussten Sie, dass in Deutschland .....

- rund 80 Prozent der Landesfläche aus Acker, Wiesen und Wald besteht? Davon sind 16,7 Millionen Hektar Acker und Wiesen sowie 11,4 Millionen Hektar Wald.

- rund 7,6 Milliarden Bäume mit mehr als 7 Zentimetern Durchmesser in Brusthöhe wachsen.

- die häufigsten Baumarten Fichte mit 25 Prozent und Kiefer 22 Prozent, gefolgt von Buche 15 Prozent und Eiche 10 Prozent sind.

- der Holzvorrat im Wald in den vergangenen zehn Jahren um sieben Prozent gestiegen ist. Und es im Wald 57 Prozent Nadel- und 43 Prozent Laubbäume gibt.

- es rund zwei Millionen private Waldeigentümer gibt, die im Durchschnitt 2,4 Hektar Waldfläche besitzen. Der Bund und die Länder besitzen 33 Prozent der Waldfläche, Kirchen und Körperschaften 25 Prozent und der Anteil des Treuhandwalds liegt bei drei Prozent.

- auf gut der Hälfte des Ackerlandes Getreide wächst. Und dass Getreidesorten vom Bundessortenamt zugelassen werden müssen.

- 2014 rund 51,8 Millionen Tonnen Getreide geerntet wurden, 11,5 Millionen Tonnen Kartoffeln und 1,1 Millionen Tonnen Äpfel.

Gute Lösungen für alle Beteiligten

*E*in Fenster für die Lerchen

Es geht eigentlich ganz einfach: Während der Einsaat hebt der Landwirt die Maschine kurz an, so dass an dieser Stelle später nichts wächst. Rund 20 Quadratmeter große Stücke entstehen so, die ideale Schutzräume für Feldlerchen und andere Tiere bieten. Denn diese sogenannten „Lerchenfenster" ermöglichen den Tieren einen leichteren Landeanflug, damit sie Nester auf dem Boden bauen können. Auch der Hase oder das Rebhuhn lieben Freiflächen und profitieren von den Lerchenfenstern. Auf einigen Lerchenfenstern werden zudem Blühstreifen angelegt, wodurch sich das Nahrungsangebot für die Feldlerchen weiter erhöht.

Damit steigen die Chancen, dass die stark dezimierte Feldlerchenpopulation wieder zunimmt. Allein in Nordrhein-Westfalen ist der Bestand seit den 80er Jahren, wahrscheinlich durch das geringere Nahrungsangebot, um drei Viertel zurückgegangen. Die Feldlerche zählt zu den gefährdeten Arten. Auch deshalb fördern die Stiftung Rheinische Kulturlandschaft und die Stiftung Westfälische Kulturlandschaft diese Projekte. Aus Mitteln des Ministeriums für Umwelt und Naturschutz, Landwirtschaft und Verbraucherschutz in Nordrhein-Westfalen wird der Ertragsausfall durch die Lerchenfenster ausgeglichen.

*N*aturschutz in der Mittagspause

Ein Landwirt aus Nordrhein-Westfalen sammelt regelmäßig während der Bodenbearbeitung die Steine von seinem Acker, um die Maschinen zu schonen und die Bodenbearbeitung zu erleichtern. Im Rahmen des Projektes „Fokus-Naturtag" hat er erfahren, dass Eidechsen und Lurche sich auf den Steinen wohlfühlen. Nun arrangiert der Landwirt die Steine zu Haufen und platziert sie bewusst an der Südseite seiner Bäume: So sind sie ideal für die wechselwarmen Tiere.

*M*ausefalle *Schleiereule*

Kein Landwirt mag Mäuse und Ratten in seiner Scheune. Also hat sich ein Bauer aus Nordrhein-Westfalen auf die natürlichen Feinde der Tiere besonnen und Nistkästen für Schleiereulen in seiner Scheune aufgehängt. Schon seit mehreren Generationen leben die bis zu 40 Zentimeter großen Tiere in seinem Stall, nun möchte er die Population weiter fördern.

Zwar gelten die Schleiereulen nicht als gefährdet. Schneereiche Winter mit daraus folgendem Nahrungsmangel und Stallmodernisierungen, die ihre Einfluglöcher verschließen, setzen ihnen allerdings zu. Die Nistkästen gehören zu dem Projekt

„Fokus-Naturtag" von Bioland und anderen Part-
nern aus den Ministerien. Es zeigt, wie gut funktionierende Symbiosen in der Natur nachgeahmt
und zum Nutzen aller eingesetzt werden können.

*W*enn Pfadfinder Nistkästen bauen

Eine Forstwirtin aus Niedersachsen hat sich mit der örtlichen Pfadfindergruppe zusammengetan, um ihnen den Wald zu zeigen und zu erklären. Dazu nutzt sie einmal im Jahr eine von ihr angeschobene Nistkästen-Aktion: 100 Stück hat sie im Forst angebracht. Mit den Kindern und Jugendlichen trifft sie sich dann gegen Ende des Winters, um die Nistkästen zu reinigen und kaputte Nistkästen zu reparieren.

Das macht allen Spaß und die Forstwirtin erklärt dabei, was im Wald so alles passiert. Die Kinder und Jugendlichen lernen spielend und geben das neue Wissen auch an ihre Freunde und Eltern weiter. Und die Singvögel profitieren ohnehin: Die Nistkästen werden sehr gut angenommen und der Bestand an Vögeln bleibt stabil.

Sagen, was passiert

„Ich sehe was, was Du nicht siehst ....“: Nicht nur Kinder lieben dieses Spiel. Wie man es nutzt, um Besucher für den Naturraum Wald zu sensibilisieren, zeigt ein Forstwirt aus Nordrhein-Westfalen. Er hat an gut 30 Orten seines Waldes Schilder aufgehängt, auf denen er erklärt, was die Spaziergänger im Folgenden sehen werden. Das kommt hervorragend an und hat bereits seine Nachbarn zur Nachahmung inspiriert. Auch der Forstwirt profitiert: Er weist auf den Tafeln auf seine Homepage hin und auch darauf, dass es sich um einen Privatwald handelt und welchen Umgang er sich dort wünscht.

*S*chöne Buchen, schlaue Buchen

Eigentlich müssten die alten Giganten gefällt werden, um Platz für neue zu schaffen. 250 bis 300
Jahre alt sind die Buchen eines Forstwirtes aus
Nordrhein-Westfalen und wunderschön anzusehen. Doch Ertrag bringen sie keinen mehr, und so
müssten sie eigentlich weichen.

Das aber hat der Forstwirt nicht übers Herz gebracht und verzichtet freiwillig auf die Nutzung
der historischen Bäume. Damit aber nicht nur
die Spaziergänger sich daran erfreuen können,
hat er sich zudem an die Wissenschaft gewandt:
Nun werden die Buchen auch zu Forschungszwe-
cken untersucht. Die so gewonnenen Erkenntnisse
kommen dann wieder der Forstwirtschaft zugute.

Was ist das, so ein Bienenhaus?

An der Hofstelle eines Landwirts aus Westfalen steht schon seit Generationen ein Bienenhaus. Es ist drei auf acht Meter groß und beherbergt jede Menge Bienenkästen. Weil es nach Südosten ausgerichtet ist, können die Bienen gleich am Morgen mit dem Aufgehen der Sonne ausschwärmen. Um die Funktion eines solchen Bienenhauses mehr Menschen zu erklären, stellt der Landwirt das Bienenhaus den Imkern der Umgebung kostenlos zur Verfügung und organisiert Führungen für Schulklassen. Auch wurden Schaukästen für Besucher aufgestellt, damit sie mehr über die Tiere lernen können. Inzwischen gibt es dort nicht nur Bienen, sondern auch Fledermäuse zu be-

staunen, die das Bienenhaus als Quartier nutzen. Und für vorbeiziehende Vögel wurden Nistkästen aufgehängt. So summt und brummt es nun fast unentwegt. Wer zu Besuch ist, hat immer was zu sehen und lernen.

*B*lühstreifen für Bienen

Wie in vielen Bundesländern dürfen auch in Baden-Württemberg im Abstand von fünf Metern zu Fließgewässern keine Pflanzen- oder Düngemittel ausgebracht werden. Das hat einen Landwirt auf die Idee gebracht, einen Blühstreifen in dieser Breite auf seiner Fläche anzulegen und so den Bienen einen Zufluchtsort zu schaffen.

Er tat sich mit den örtlichen Imkern zusammen und hat dabei erfahren, dass vier von fünf Kulturpflanzen auf die Bestäubungsleistung der Bienen angewiesen sind. Mit den Blühstreifen finden die Bienen ausreichend Nahrung, Pollen und Nektar.

Gerade in der zweiten Jahreshälfte ist das wichtig, weil dann viele Pflanzen schon verblüht sind und insbesondere Wildbienen nach Nahrung suchen. Deutschlandweit wird die Bestäubungsleistung der Bienen auf einen Wert von rund zwei Milliarden Euro jährlich geschätzt.

Und weil man nicht nur Gutes tun, sondern auch darüber reden soll, hat der Landwirt mit den Imkern zusammen kleine Schilder aufgestellt und klärt auch die Spaziergänger entlang des Blühstreifens über die Aktion auf.

*S*chleiereulenkästen im Wald

Dass Landwirte Nistkästen für Schleiereulen auf-
hängen, kommt immer öfter vor. Dass jemand
auch gleich noch einen Eulenexperten damit be-
auftragt, den Erfolg zu sichern, ist eher eine Aus-
nahme. Das aber macht ein Landwirt in Niedersachsen, der drei Kästen im Wald in der Nähe
einer Freifläche aufgehängt hat. Die Eulen sind
nachtaktive Jäger und bevorzugen freie Flächen;
am Tag verstecken sie sich an ruhigen Plätzen.

Durch den Eulenexperten weiß er, dass zwei der drei Brutkästen immer belegt sind. Vor einiger Zeit hat der Landwirt noch einen weiteren Brutkasten am Giebel in einer alten Scheune aufgehängt. Der Landwirt schätzt die Tiere nicht zuletzt für ihren aktiven Jagdtrieb auf Mäuse und unterstützt gerne mit diesen einfachen Maßnahmen die Artenvielfalt in seinem Acker. Und 2014 hat sich sogar ein Turmfalke in dem Kasten eingenistet.

Ruhe für den Schwarzstorch

In einem Jagdgatter in Nordrhein-Westfalen brütet seit inzwischen zwei Jahrzenten der Schwarzstorch. Schwarzstörche sind selten, scheu und genießen deshalb einen hohen Schutzstatus. Schon geringe Störungen können ihn dazu bringen, seinen Horst zu verlassen und nicht zurückzukehren. Deshalb hat der Forstwirt eine freiwillige Schutzzone eingerichtet: Wenn der Schwarzstorch brütet, darf sich dem Horst im Radius von 500 Metern niemand nähern. Das gilt auch für den Eigentümer selbst.

Schafe statt Mulch

Schlecht sah sie nicht aus, die Wiese hinter dem Sauenstall eines Landwirtes aus Nordrhein-Westfalen. Zweimal im Jahr wurde sie gemulcht, der Grasschnitt verblieb auf der Fläche und so entstand eine schöne Wiese.

Die aber wollte der Landwirt noch schöner machen, und die zündende Idee kam ihm im Rahmen des Fokus Naturtags für den Umweltschutz: Was, wenn er den Anteil der farbenprächtigen Wiesenblumen erhöhen könnte, insbesondere die duftigen Glockenblumen und den pittoresken Rainfarn?

Kein Problem, wie sich schnell herausstellte: Statt zu mulchen, mähen jetzt die Schafe eines benachbarten Schäfers die Wiese. Und weil die Mahd nun nicht mehr liegenbleibt, können sich auch die schönen Blumen entwickeln. Jeder ist glücklich: Der Schäfer spart Futterkosten, der Landwirt pflegt seine Blühwiese und die Passanten freuen sich auch.

*W*as für ein Rasenmäher!

Wer im Kreis Steinfurt unterwegs ist, kann zwischen Februar und April prächtige 250 Schafe auf rund 60 Hektar landwirtschaftlicher Fläche beobachten. Ein Landwirt aus der Region baut dort extra Zwischenfrüchte an, damit die Schafe Leckeres zu fressen bekommen.

Natürlich tut er das nicht uneigennützig: Die Schafe gehören gar nicht ihm, sondern einem Schäfer, dessen eigene Wiesen um diese Zeit erschöpft sind. Doch indem sie nun gegen geringe Pacht bei ihm grasen dürfen, werden seine Wiesen automatisch gemäht und gleichzeitig gedüngt.

111

*E*ine Buche für die Spechte

Als ein Landwirt aus dem Kreis Coesfeld eine neue Halle bauen wollte, musste er dafür auch ein kleines Stück Wald roden. Selbstverständlich hat er die vorgeschriebenen Ausgleichsmaßnahmen erfüllt. Weil das dabei erstellte Artengutachten relativ wenig Vielfalt zeigte, überlegte der Bauherr, was er sonst noch für den Naturschutz tun könnte. So entschied er sich, eine eigentlich zu fällende Buche stehen zu lassen, denn dort hatten sich bereits etliche Spechte niedergelassen. Nun hofft er, dass auch weitere Vögel dort einen Lebensraum finden.

*L*ernen, leben, Waldakademie

Wer weiß schon so genau, was wirklich im Wald vor sich geht? Forstwirte natürlich. Aber Schüler und Jugendliche? Wie wäre es also, wenn sie in einer Waldakademie über das Ökosystem Wald lernen könnten, dachte sich ein Forstwirt aus Nordrhein-Westfalen. Er verpachtet 850 Hektar seines Waldes für diesen Zweck und sorgt dafür, dass sich die Förster und Waldlehrer nicht gegenseitig stören.

So fördert er die naturkundliche Bildung der nächsten Generation und natürlich auch die Zukunft seiner eigenen Kinder, die weiter von der Forstwirtschaft leben wollen.

Ein Tauschgeschäft, das Sinn macht

Ein Landwirt aus dem nördlichen Münsterland bewirtschaftet gegen einen geringen Pachtobolus 30 Hektar Naturschutzwiesen, die dem Land sowie einem privaten Flughafen gehören. Sie sind Ausgleichsflächen für den Flughafen und sollen Brachvögeln ein Schutzareal bieten. Weil die zu den Schnepfenvögeln gehörenden Tiere ab Ende April brüten, werden die Wiesen erst ab dem 15. Juni gemäht. Dann aber freuen sich die Bullen des Landwirts über das gute Heu – und wie!

Milch kaufen, Feldlerchen helfen

Ein Ökodorf in Brandenburg hat diverse Naturschutzprojekte, die auch mit dem Bundesamt für Naturschutz abgesprochen sind. So werden dort Hecken angepflanzt, Ackerwildkräuter geschützt, Orchideenwiesen und Fledermausquartiere angelegt.

Für den Schutz von Bodenbrütern wie der Feldlerche haben sich die Bewohner etwas Besonderes ausgedacht. Sie haben beobachtet, dass die Feldlerche bevorzugt auf den mit Kleegras angesäten Feldflurflächen brütet. Weil die Wiesen in kurzen Abständen gemäht werden, kommt es leider oft vor, dass die Eier durch die Mahd zerstört oder die

116

Küken getötet werden. Das Ökodorf hat deshalb entschieden, den Abstand zwischen der ersten und zweiten Mahd auf sieben bis acht Wochen zu verlängern. So haben deutlich mehr Feldlerchenküken die Chance, flügge zu werden und das Nest erfolgreich zu verlassen. Um dies möglichst bekannt zu machen, nutzt das Ökodorf die dort hergestellte Milch: Auf der Verpackung der Milchtüten wird die Geschichte der Feldlerchen erzählt – und auch mitgeteilt, dass der Kauf der Milch dabei hilft, dass die Feldlerchen erfolgreich brüten können. So gewinnen die Natur und die Meierei des Ökodorfes.

*W*ussten Sie... ?

... dass schon auf rund 30 Prozent der Ackerflächen in Deutschland Zwischenfrüchte wie Senf, Ölrettich, Raps oder Grünroggen angepflanzt werden? Das ist aktiver Naturschutz, denn Zwischenfrüchte vermindern die Bodenerosion, verringern die Stickstoff-Auswaschung und verbessern die Bodenfruchtbarkeit. Und sie stellen eine natürliche Gründüngung dar.

Orchideen statt Himbeerbüsche

Sie ist ausgesprochen hübsch anzusehen, die Wiese eines Landwirtes in Halverscheid bei Lüdenscheid. Denn dort wachsen heimische Orchideen wie das Gefleckte Knabenkraut. Allerdings war der Bestand gefährdet, weil auf dem Areal auch Himbeerbüsche, Brennesseln und Adlerfarn gewachsen sind.

Der Landwirt entschloss sich deshalb, gemeinsam mit Experten des „Arbeitskreises Heimische Orchideen" zu beraten, wie die seltenen Orchideen besser geschützt werden könnten. Eine erste Zählung im Jahr 2006 ergab fast genau 5.000 Exemplare der Orchideen. Die Experten empfahlen eine Mahd im frühen Herbst jedes Jahres sowie die Beseitigung der Himbeerbüsche und Brennesseln. Der Adlerfarn sollte nach und nach durch die Mahd verschwinden. Zwar breitete er sich in den ersten Jahren weiter aus, doch inzwischen ist er nur noch halb so hoch und der Bestand geht auch zurück. Bei fortgesetzter Mahd dürfte er nach der Einschätzung der Experten in wenigen Jahren ganz verschwinden.

Für Orchideenfreunde ist die Wiese ein noch interessanterer Ort geworden: Sie ist schon heute die größte und bedeutendste ihrer Art in der Region, der Pflanzenbestand hat sich auf rund 10.000 Exemplare verdoppelt.

*B*lühendes Ufer

Warum nur fünf Meter Uferrandstreifen, dachte sich der Landwirt aus dem nördlichen Münsterland, als er am Gewässerrand auf seinen Feldern Uferrandstreifen angelegt hatte. Er wusste, das sich Rehe, Hasen und Rebhühner an solchen Uferstreifen ganz besonders wohlfühlen – und auch dass das Heu von solchen Uferrandstreifen ganz besonders gut schmeckt. So hat er seine Uferrandstreifen auf einer Breite von zwölf Metern angelegt. Zweimal im Jahr werden sie gemäht: Die erste Mahd bekommen nun seine Pferde und die zweite lassen sich die Bullen im Stall munden.

*B*lätter im Wind

Schön muss es in dem Forst in Nordrhein-West-falen ausgesehen haben - vor 60 Jahren: Ein Bach wand sich durch das Areal, so schmuck, dass die Besitzer gleich noch drei Teiche dazu angelegt ha-ben. Doch über die Zeit verlandeten die Teiche, weil jeden Herbst große Mengen Laub fielen und von Teich zu Teich geschwemmt wurden. So kam auch die Fischwanderung fast zum Erliegen.

Das fand der heutige Bewirtschafter so schade, dass er sich dazu entschied, den Bachlauf auf ei-gene Kosten neu auszuheben und um die Teiche herumzulegen. So kann das Laub nicht mehr wei-tergeschwemmt und die Verlandung gestoppt wer-den. Und nun ist der Privatwald auch wieder das Naturerlebnis, das er vor 60 Jahren bereits war.

*B*lühe, Zuckerrübe, blühe

Wissen Sie, wo der Zucker herkommt? Wenn Sie künftig spazieren gehen, folgen Sie den Blühstreifen: Die Rüben, die sie auf dem Feld daneben liegen sehen, sind Zuckerrüben. Da kommt der Zucker her!

Die Idee mit den Blühstreifen hatte ein Verarbeitungsunternehmen für Zuckerrüben und hat seine Lieferanten ermuntert, sie anzulegen. Denn dort siedeln sich kleine Tiere wie Vögel, Bienen und Schmetterlinge an. Die Bodenqualität wird verbessert, weil sich Humus bildet. Und die Spaziergänger erfreuen sich an der Blütenpracht. Rund hundert Zuckerrüben-Anbauflächen sind inzwischen schon von Blühstreifen umgeben.

*W*ussten Sie, dass in Deutschland .....

- rund 48.000 verschiedene Tierarten leben und 10.300 Pflanzen und 14.400 Pilzarten wachsen?

- ein Landwirt heute 142 Menschen ernährt; das sind 132 mehr als vor 60 Jahren.

- eine Million Menschen in rund 285.000 landwirtschaftlichen Betrieben arbeiten und jeder neunte Arbeitsplatz in Deutschland mit dem Agribusiness in Verbindung steht.

- etwa 46.500 landwirtschaftliche Betriebe auch erneuerbare Energien erzeugen.

- bereits vor 300 Jahren das Prinzip der Nachhaltigkeit in der Forstwirtschaft von Hans Carl von Carlowitz beschrieben wurde und Natur nützen und Natur schützen kein Widerspruch sein muss.

*W*ind vertreibt Insekten

Im Weinbau ist es schon länger üblich, die Reb-
stöcke so zu setzen, dass der Wind die Insekten
vertreibt. In der Nähe von Bremen hat sich nun
auch ein Landwirt dieses Prinzip zu Nutze ge-
macht. Auf seinen Kartoffelfeldern weht der Wind
meist von West nach Ost.

Und genau so hat er nun auch seine Kartoffelrei-
hen gepflanzt. Seitdem braucht er keine Pestizide
mehr. Die natürliche Kraft des Windes reicht, die
schädlichen Insekten zu vertreiben.

*W*enn Bohnen am Mais hochranken

Gute Landwirte kennen seit Jahrhunderten das Prinzip der Fruchtfolge. Um die Erde nicht auszulaugen, wird jedes Jahr etwas anderes angebaut. Der Saatkonzern KWS will das nun in Sortenmischungen übertragen: Statt nur Mais anzubauen, sollen Landwirte künftig eine Mais-Bohnen-Mischung auf den Feldern aussäen.

Bohnen binden Stickstoff aus der Luft und geben das als natürliche Düngung wieder an den Boden ab. Mithilfe der neuen Saatmischung könnten sie am Mais hochranken und ihn so auf natürliche Weise düngen. So profitieren alle: Die Landwirte brauchen weniger Dünger und der Boden wird nicht so ausgelaugt wie bei einer Monokultur.

Zu guter Letzt

Der größte Greifvogel in Deutschland ist der Seeadler. Er wiegt bis zu 7 Kilogramm, erreicht eine Flügelspannweite von 250 Zentimetern und kann bis zu 35 Jahren alt werden. In Brandenburg fühlt sich der Seeadler offenbar wohl. Immerhin brüten dort mittlerweile wieder mehr als 120 Paare. Zum Schutz wurde den eindrucksvollen Greifvögeln Ruhe verordnet. So darf 100 Meter rund um den Horst gar nicht und im Umkreis von 100 - 300 Metern nur zeitlich begrenzt und sehr eingeschränkt forstwirtschaftlich gearbeitet werden. Das war aber einem prächtigen Seeadler in der Schorfheide entweder zu ruhig oder zu langweilig. Er verließ seinen 15 Jahre alten Horst und baute neu: und das ausgerechnet mitten in einem intensiv forstwirtschaftlich genutztem Gebiet.

Nachwort

Wir müssen heute so leben, dass auch nachfolgende Generationen Chancen für ihre Entwicklung und Zukunft haben. Fortschritt war bisher vor allem, technische Hemmnisse auszuräumen, also Maschinen effizienter oder Computer schneller zu machen. Doch wie leistungsfähig eine Gesellschaft ist, hängt vor allem davon ab, wie sie sich künftig organisiert und wie sich Menschen darin verhalten.

Dialogfähigkeit ist dabei ein wichtiger Faktor. Die Gesellschaft und die Politik können den ländlichen Raum in Zeiten des demografischen Wandels entweder seinem Schicksal überlassen oder Weichen stellen, um dort mit innovativen Ideen zum Pionier nachhaltigen Lebens zu werden. Nachhaltigkeit ist in der Land- und Forstwirtschaft tief verankert und nach Ansicht einiger Wissenschaftler spielt das einzigartige Bildungs- und Handlungswissen vom nachhaltigen Wirtschaften mit der Natur eine immer größere Rolle für die soziale und wirtschaftliche Entwicklung ganz Deutschlands.

Um dieses Wissen nicht zu verlieren und die Wirtschaftskraft in den ländlichen Regionen zu erhalten und zu stärken, muss sich die Politik etwas einfallen lassen. Dazu sind Visionen notwendig – aber auch Visionen brauchen Fahrpläne. Sich daran mit ihrer Erfahrung und ihren Kenntnissen aus der Praxis aktiv zu beteiligen, ist vielen Land- und Forstwirten ein großes Anliegen.

Quellenverzeichnis

Wenn Naturschutz zum Schildbürgerstreich wird ...

Zwei Brücken für Fledermäuse

http://www.schwarzbuch.de/content/viel-aufwand-fur-zwei-fledermausbrucken.

http://www.badische-zeitung.de/suedwest-1/umstrittene-fledermausbruecke-warum-fliegen-die-nicht-drueber--76803121.html.

http://www.faz.net/aktuell/wirtschaft/wirtschaftspolitik/verschwendung-oeffentlicher-gelder-eine-bruecke-fuer-fledermaeuse-12621858.html.

Das Kreuzotterparadies am Nord-Ostsee-Kanal

http://www.shz.de/schleswig-holstein/politik/weitere-265-millionen-fuer-den-nord-ostsee-kanal-id6765471.html.

http://www.kn-online.de/Lokales/Rendsburg-Eckernfoerde/Kreuzottern-muessen-umziehen.

http://www.kn-online.de/Schleswig-Holstein/Aus-dem-Land/Ministerium-Ausbau-des-Nord-Ostsee-Kanals-erst-in-zehn-Jahren-fertig.

http://www.shz.de/schleswig-holstein/panorama/steuerposse-um-schlangen-biotop-id3819381.html.

Wußten Sie ....?

http://nachhaltigkeitsbericht.fraport.de/wp-content/uploads/2014/02/%C3%B4kologische_Ma%C2%B7nahmen_zum_Flughafenausbau_aktiv_f%C3%85r_die_Natur.pdf.

Wenn Wildkatzen mal über die Brücke müssen

https://www.youtube.com/watch?v=Z1shLypzZtU

http://www.goettinger-tageblatt.de/Nachrichten/Goettingen/Uebersicht/
Vier-Kilometer-Zaun-zum-Schutz-der-Katze

Krane für Krähen

http://www1.wdr.de/studio/siegen/themadestages/soester-kraehen100.
html.

Baggern für den Umweltschutz

http://www.abendblatt.de/region/article2184357/Ausgleich-fuer-Jade-
WeserPort-macht-Aerger-in-Butjadingen.html

http://www.kreiszeitung-wesermarsch.de/butjadingen_artikel,-„Gro-
den-auf-ewige-Zeiten-zerstoert"-_arid,971557.html

Der „vergesellschaftete" Esel

Urteil des Verwaltungsgerichtes Trier mit dem Aktenzeichen 6K 1531/13.
TR vom 16. Juni 2014

Biberalarm am Branntweinbach

Sammlung – Henrike Müller (M.Sc. agr.)

Die Fledermaus und das Gotteshaus

http://www.kirche-flemhude.de/fileadmin/kundendaten/Gemeindebrie-
fe/2011/Herbst_2011.pdf.

Flieg, Gans, flieg!

LZ Rheinland 25/ 2012

Luxustunnel für Lurche

http://www.welt.de/regionales/baden-wuerttemberg/article133004375/
Teure-Lurchtunnel-teurer-Skaterpark-teures-Gendern.html.

Biber fluten Eichen in Brandenburg

Sammlung – Henrike Müller (M.Sc. agr.)

Giftige Haare, gequälte Menschen, tote Eichen

Spiegel 41/2014

Die Kastanie und das Bußgeldschreiben

Sammlung – Henrike Müller (M.Sc. agr.)

Lärmschutzwände für die Rohrdommeln

https://www.youtube.com/watch?v=kHNK-UBqVY0

Wald abholzen, Schmetterling ansiedeln

http://www.kn-online.de/Schleswig-Holstein/Landespolitik/Schmetter-
linge-und-falsche-Gelaender.

http://www.shz.de/lokales/nordfriesland-tageblatt/ein-waldap-
pell-und-ein-verschwundener-falter-id258803.html.

http://www.stiftungsland.de/arten-schuetzen/life-aurinia/.

http://www.schwarzbuch.de/content/vergoldeter-scheckenfalter.

Der Tunnel für die Bechsteinfledermäuse

https://www.youtube.com/watch?v=NMM3NO9IHJU

http://www.ndr.de/nachrichten/schleswig-holstein/Kein-A-20-Weiter-
bau-Wirtschaft-schockiert,autobahn861.html

Bäume fällen für den Nachtkerzenschwärmer

http://www.abendblatt.de/hamburg/altona/article2215057/Hamburg-opfert-Waelder-fuer-Schmetterling.html.

Wenn die Zierliche Tellerschnecke umziehen muss ...

http://www.bergedorfer-zeitung.de/printarchiv/titel/article121004311/Steuerzahlerbund-prangert-Bergedorf-in-Schwarzbuch-an.html

http://www.abendblatt.de/hamburg/bergedorf/article113793734/Die-Tellerschnecke-hat-in-Bergedorf-gut-lachen.html

Arme Grenzeiche,

Leckere Äpfel: Doch wer erntet sie?

Sammlung – Henrike Müller (M.Sc. agr.)

Kiefernpflücken per Helikopter

http://www.nationalpark-kellerwald-edersee.de/de/service/aktuelles/2014/01/zweiter_helikoptereinsatz/

Schlacke als Denkmal: Der Monte Schlacko

http://www.derwesten.de/staedte/nachrichten-aus-siegen-kreuztal-netphen-hilchenbach-und-freudenberg/monte-schlacko-soll-baudenkmal-werden-id8992662.html.

http://www.derwesten.de/staedte/nachrichten-aus-siegen-kreuztal-netphen-hilchenbach-und-freudenberg/monte-schlacko-in-siegen-beschaeftigt-das-verwaltungsgericht-id9218317.html.

http://www.derwesten.de/staedte/nachrichten-aus-siegen-kreuztal-netphen-hilchenbach-und-freudenberg/gericht-urteilt-monte-schlacko-ist-kein-denkmal-id9356595.html.

http://www.vg-arnsberg.nrw.de/presse/pressemitteilungen/09_140515/index.php

Borstgrasrasen auf dem Flughafen

http://www.nw-news.de/owl/kreis_guetersloh/guetersloh/guetersloh/10411991_Flughafen_soll_Schutzzone_werdew.html.

Doppelte Hecke, halbe Arbeit

Sammlung – Henrike Müller (M.Sc. agr.)

Wie fremd ist ein 190 Jahre alter Baum?

http://www.wald-im-spessart.de/de/service/newsarchiv/newsdetail/article/fremd-ist-die-douglasie-nur-in-der-fremde.html

http://www.baysf.de/de/medienraum/pressemitteilungen/nachricht/detail/greenpeace-versuendigt-sich-am-wald-von-morgen.html

http://www.sueddeutsche.de/bayern/streit-um-buchenwaelder-im-spessart-greenpeace-verklagt-die-staatsforsten-1.1343089

Molch im Schwarzbuch

http://www.faz.net/aktuell/wirtschaft/wirtschaftspolitik/artenschutz-millionen-fuer-molche-1650484.html.

Wo der Wendehals brütet

Arbeitsgemeinschaft der Grundbesitzerverbände, Berlin

Die Gummi-Ente in der Fischtreppe

http://www.abendblatt.de/hamburg/bergedorf/article110776044/Neue-Fischtreppe-fuer-Bergedorf-Verzoegerung-an-der-Alster.html

http://www.bergedorfer-zeitung.de/bergedorf/article131352325/Sternekoeche-fischen-statt-Forelle-nur-Gummiente.html

Wussten Sie, dass in Deutschland …..

1)Bundesministerium für Ernährung und Landwirtschaft BMEL, u. Thünen Institut Braunschweig)

2) 3.Bundeswaldinventur Oktober 2014)
3) ebd.
4) AGDW-Die Waldeigentümer
5) BMEL/Statista
6) ebd.

Gute Lösungen für alle Beteiligten

Ein Fenster für die Lerchen

http://www.rheinische-kulturlandschaft.de/feldlerchenprojekt

Naturschutz in der Mittagspause
Mausefalle Schleiereule
Wenn Pfadfinder Nistkästen bauen
Sagen, was passiert
Schöne Buchen, schlaue Buchen
Was ist das, so ein Bienenhaus?
Blühstreifen für Bienen
Schleiereulenkästen im Wald
Ruhe für den Schwarzstorch
Schafe statt Mulch
Was für ein Rasenmäher!
Eine Buche für die Spechte
Lernen, leben, Waldakademie
Ein Tauschgeschäft, das Sinn macht

Sammlung – Henrike Müller (M.Sc. agr.)

Milch kaufen, Feldlerchen helfen

Information auf Produktverpackung „Ökodorf Brodowin"

140

Wussten Sie... ?

(Naturschutz mit Zwischenfrüchten)

http://www.bmelv-statistik.de/de/statistischer-monatsbericht/a-landwirtschaft/

http://www.lwk-niedersachsen.de/index.cfm/portal/2/nav/279/article/19644.html

Orchideen statt Himbeerbüsche

Arbeitskreis Heimische Orchideen, Nordrhein-Westfalen

Blühendes Ufer
Blätter im Wind

Sammlung – Henrike Müller (M.Sc. agr.)

Blühe, Zuckerrübe, blühe

Sammlung – Henrike Müller (M.Sc. agr.)

Wussten Sie, dass in Deutschland .....

6) Bundesumweltministerium
7) Bundesministerium für Ernährung und Landwirtschaft (BMEL)
8) BMEL
9) ebd.
10) AGDW-Die Waldeigentümer

Wind vertreibt Insekten
Wenn Bohnen am Mais hochranken

http://www.faz.net/aktuell/wirtschaft/oekolandbau-als-inspiration-smart-farming-mit-wildbiene-12756762.html?printPagedArticle=true#pageIndex_2

Zu guter Letzt

Arbeitsgemeinschaft der Grundbesitzerverbände, Berlin

Michael Prinz zu Salm-Salm

ist Familienunternehmer im Bereich Weinbau und Forstwirtschaft aus Rheinland-Pfalz. Er bewirtschaftete in der 31. Generation das älteste deutsche Weingut in Familienbesitz und stellte als einer der Ersten schon 1988 auf ökologischen Weinbau nach den Richtlinien von Naturland um, was sein Sohn Felix seit 2014 weiterführt. Er setzt sich besonders für Nachhaltigkeit und Generationengerechtigkeit ein. Prinz Salm ist unter anderem Vorsitzender der Arbeitsgemeinschaft der Grundbesitzerverbände und Ehrenpräsident des Verbandes Deutscher Prädikatsweingüter.

Anja-Katharina v. der Hagen

kommt aus Bonn und lebt seit 20 Jahren in Potsdam. Sie ist von Haus aus Journalistin, war wirtschaftspolitische Redakteurin bei der Deutschen Presse-Agentur und leitete ein Redaktionsbüro für dpa. Sie hat auch für zahlreiche Tageszeitungen und Magazine geschrieben und bereits mehrere Bücher veröffentlicht. Derzeit ist ihr Schwerpunktthema der grüne Bereich: die Zukunft der nachhaltigen Land- und Forstwirtschaft.

Greser&Lenz

Achim Greser und Heribert Lenz gehören zu den bekanntesten Karikaturisten Deutschlands. Das Duo zeichnet seit 1996 regelmäßig für die „FAZ" und viele andere Publikationen.